编审委员会

学术顾问

杜国城　全国高职高专教指委秘书长　教授
季　翔　徐州建筑学院　教授
黄　维　清华大学美术学院　教授
罗　力　四川美术学院　教授
郝大鹏　四川美术学院　教授
陈　航　西南大学美术学院　教授
李　巍　四川美术学院　教授
夏镜湖　四川美术学院　教授
杨仁敏　四川美术学院　教授
余　强　四川美术学院　教授
张　雪　北京航空航天大学新媒体艺术系　教授

主编

沈渝德　四川美术学院　教授
中国建筑学会室内设计分会专家委员会委员、重庆十九分会主任委员
高职高专教育土建类专业教学指导委员会委员
建筑类专业指导分委员会副主任委员

编委

李　巍　四川美术学院　教授
夏镜湖　四川美术学院　教授
杨仁敏　四川美术学院　教授
沈渝德　四川美术学院　教授
刘　蔓　四川美术学院　教授
杨　敏　广州工业大学设计学院　副教授
邹艳红　四川教育学院　教授
胡　虹　重庆工商大学　教授
余　鲁　重庆三峡学院美术学院　教授
文　红　重庆教育学院　教授
罗晓容　重庆工商大学　副教授
曾　强　重庆交通大学　副教授

高等职业教育艺术设计“十二五”规划教材

ART DESIGN SERIES

游戏概念设计教程

Game Conception Design Course

谢琦琦 林潇 编著

国家一级出版社
全国百佳图书出版单位
西南师范大学出版社
XINAN SHIFAN DAXUE CHUBANSHE

序

Preface

沈渝德

职业教育是现代教育的重要组成部分，是工业化和生产社会化、现代化的重要支柱。

高等职业教育的培养目标是人才培养的总原则和总方向，是开展教育教学的基本依据。人才规格是培养目标的具体化，是组织教学的客观依据，是区别于其他教育类型的本质所在。

高等职业教育与普通高等教育的主要区别在于：各自的培养目标不同，侧重点不同。职业教育以培养实用型、技能型人才为目的，培养面向生产第一线所急需的技术、管理、服务人才。

高等职业教育以能力为本位，突出对学生的能力培养，这些能力包括收集和选择信息的能力、在规划和决策中运用这些信息和知识的能力、解决问题的能力、实践能力、合作能力、适应能力等。

现代高等职业教育培养的人才应具有基础理论知识适度、技术应用能力强、知识面较宽、素质高等特点。

高等职业艺术设计教育的课程特色是由其特定的培养目标和特殊人才的规格所决定的，课程是教育活动的核心，课程内容是构成系统的要素，集中反映了高等职业艺术设计教育的特性和功能，合理的课程设置是人才规格准确定位的基础。

本艺术设计系列教材编写的指导思想是从教学实际出发，以高等职业艺术设计教学大纲为基础，遵循艺术设计教学的基本规律，注重学生的学习心理，采用单元制教学的体例架构使之能有效地用于实际的教学活动，力图能贴近培养目标、贴近教学实践、贴近学生需求。

本艺术设计系列教材编写的一个重要宗旨，那就是要实用——教师能用于课堂教学，学生能照着做，课后学生愿意阅读。教学目标设置不要求过高，但吻合高等职业设计人才的培养目标，有良好的实用价值和足够的信息量。

本艺术设计系列教材的教学内容以培养一线人才的岗位技能为宗旨，充分体现培养目标。在课程设计上以职业活动的行为过程为导向，按照理论教学与实践并重、相互渗透的原则，将基础知识、专业知识合理地组合成一个专业技术知识体系。理论课教学内容根据培养应用型人才的特点，求精不求全，不过多强调高深的理论知识，做到浅而实在、学以致用；而专业必修课的教学内容覆盖了专业所需的所有理论，知识面广、综合性强，非常有利于培养“宽基础、复合型”的职业技术人才。

现代设计作为人类创造活动的一种重要形式，具有不可忽略的社会价值、经济价值、文化价值和审美价值，在当今已与国家的命运、社会的物质文明和精神文明建设密切相关。重视与推广设计产业和设计教育，成为关系到国家发展的重要任务。因此，许多经济发达国家都把发展设计产业和设计教育作为一种基本国策，放在国家发展的战略高度来把握。

近年来，国内的艺术设计教育已有很大的发展，但在学科建设上还存在许多问题。其表现在优秀的师资缺乏、教学理念落后、教学方式陈旧，缺乏完整而行之有效的教育体系和教学模式，这点在高等职业艺术设计教育上表现得尤为突出。

作为对高等职业艺术设计教育的探索，我们期望通过这套教材的策划与编写能构建一种科学合理的教学模式，开拓一种新的教学思路，规范教学活动与教学行为，以便能有效地推动教学质量的提升，同时便于有效的教学管理。我们也注意到艺术设计教学活动个性化的特点，在教材的设计理论阐述深度上、教学方法和组织方式上、课堂作业布置等方面给任课教师预留了一定的灵动空间。

我们认为教师在教学过程中不再主要是知识的传授者、讲解者，而是指导者、咨询者；学生不再是被动地接受，而是主动地获取。这样才能有效地培养学生的自觉性和责任心。在教学手段上，应该综合运用演示法、互动法、讨论法、调查法、练习法、读书指导法、观摩法、实习实验法及现代化电教手段，体现个体化教学，使学生的积极性得到最大限度的调动，学生的独立思考能力、创新能力均得到全面的提高。

本系列教材中表述的设计理论及观念，我们充分注重其时代性，力求有全新的视点，吻合社会发展的步伐，尽可能地吸收新理论、新思维、新观念、新方法，展现一个全新的思维空间。

本系列教材根据目前国内高等职业教育艺术设计开设课程的需求，规划了设计基础、视觉传达、环境艺术、数字媒体、服装设计五个板块，大部分课题已陆续出版。

为确保教材的整体质量，本系列教材的作者都是聘请在设计教学第一线的、有丰富教学经验的教师，学术顾问特别聘请国内具有相当知名度的教授担任，并由具有高级职称的专家教授组成的编委会共同谋划编写。

本系列教材自出版以来，由于具有良好的适教性，贴近教学实践，有明确的针对性，引导性强，被国内许多高等职业院校艺术设计专业采用。

为更好地服务于艺术设计教育，这次修订主要从以下四个方面进行：

完整性：一是根据目前国内高等职业艺术设计的课程设置，完善教材欠缺的课题；二是对已出版的教材，在内容架构上有欠缺和不足的地方，进行调整和补充。

适教性：进一步强化课程的内容设计、整体架构、教学目标、实施方式及手段等方面，更加贴近教学实践，方便教学部门实施本教材，引导学生主动学习。

时代性：艺术设计教育必须与时代发展同步，具有一定的前瞻性，教材修订中及时融合一些新的设计观念、表现方法，使教材具有鲜明的时代性。

示范性：教材中的附图，不仅是对文字论述的形象佐证，而且也是学生学习借鉴的成功范例，具有良好的示范性，修订中会对附图进行大幅度的置换更新。

作为高等职业艺术设计教材建设的一种探索与尝试，我们期望通过这次修订能有效地提高教材的整体质量，更好地服务于我国艺术设计高等职业教育。

第 1 教学单元

游戏概念设计的基本原理与程序

一、游戏概念设计的概念与定义

二、游戏艺术的历史与发展

三、游戏美术设计的流程

四、单元教学导引

▲图1-4（左）作者：张怡婷（右）作者：周洁

▲图1-5

在此，将以上概括的内容做一下细化，那么游戏概念设计的内容主要分为四个部分。

第一个部分，就是游戏氛围概念稿，也叫气氛图、氛围图或效果图。（图1-4）游戏的前期策划完成后，就会有相应的文字依据被提出，而这个文字的部分就帮助美术设计团队建立起一个游戏的世界观，这是整个游戏理念上的雏形。什么是游戏的世界观呢？

游戏的世界观就是整个游戏的历史背景。无论是真实还是虚构的历史框架和社会形态，这都是整个游戏的故事展开和依托的基础，概念画师们通过对游戏中物种、地理环境、人文符号、科技、服饰、道具、技能等元素的基本建构为项目，预演出一个和谐的整体视觉效果。它为概念设计中的其他部分提供方向和创作依据。（图1-5）

第二个部分就是角色设计，角色是整个游戏的灵魂，也是游戏美术创作的核心，那么如何去创作它呢？仅仅依靠绘画的基础知识是不够的，设计师必须深入了解文字，明白故事的情节，进而创作出合理又有独创性的造型。角色设计包含了游戏中的所有人物、动物或虚构出的怪物等，这个环节主要对所有角色的形体、外貌特征、服饰、色彩搭配等做出规划，使得不同的角色能呈现出各具特色的造型特点。（图1-6）

第三个部分就是场景（地图）设计，场景设计的范畴主要包括：地形地貌、各种功能性建筑、人工对象、自然点缀元素等。（图1-7）场景是角色运动和表演的依托和基础，由于其在整个画面构图中所占的比例最大，它是最能整体体现游戏世界视觉形象的部分，所以场景往往能决定整个游戏的色调和美术风格。

▲图1-6

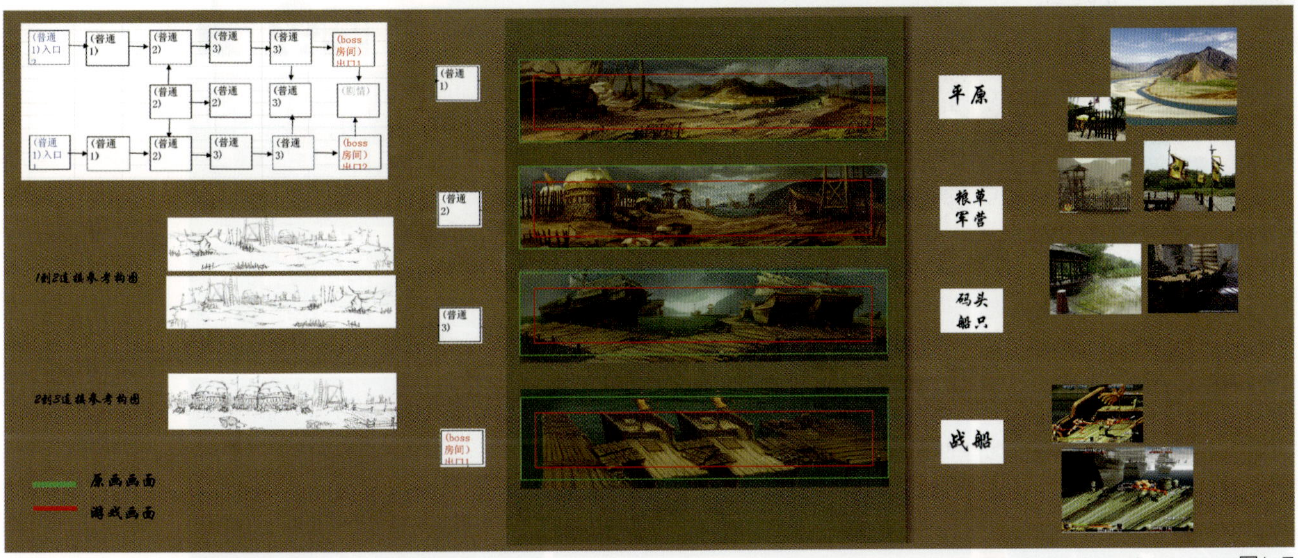

▲图1-7

Invader）。（图1-15）此款游戏的操作手法简洁方便，用户只需通过操作屏幕底部的“绿色飞船”射击“入侵飞船”便能消灭侵略者，左右移动则可躲避侵略者的反击，当然，如果“入侵飞船”的速度快于玩家“反击”的速度，则游戏就以玩家失败结束。同时期的一对一动作游戏受到了《太空入侵者》（Space Invader）的启发，出现了如《合气功夫》（Yie Ar Kung—Fu）、《国际空手道》（International Karate）等格斗游戏，这类游戏在设计风格上启发了后期更加注重电影叙事和角色配合的趋势。可以说这一时期的游戏美术处在最为原始的奠基状态，基本上是用二维的像素画来表现角色和环境，而且调色板受到极大的限制，用色简单，角色形象也极其简洁，界面设计和画面绘制构成了游戏美术的全部工作。

随后兴起的是20世纪80年代的战略游戏热潮。事实上，从1980年开始，互动式软件的销售和赢利几乎可与电影工业匹敌，这一现象催生了多种风格的游戏作品，游戏公司希望通过不同风格的作品以引导和占领市场。1986年任天堂开发了NES游戏机并同步发售《超级马里奥》游戏（图1-16），取得了极大的商业成功，这一范例也激发了其他公司开发自己的游戏平台和游戏产品，世嘉公司也从原来的第三方开发商进入了游戏机市场的角逐。

从上面的实例中我们不难看出，从某种意义上来说，计算机图形图像学和计算机硬件技术的发展推动了游戏软件的创新与发展。与此同时，计算机图形图像学给艺术家们提供了新的美学视角和全新的创作手段，电视艺术、互动装置艺术的发展与游戏艺术的发展是一个同步的过程。

▲图1-15《Space Invader》游戏画面

▲图1-16《超级马里奥》游戏画面

▲图1-17（左）C64个人电脑（右）Amiga个人电脑

▲图1-18《Quake》《Half-life》游戏画面

图1-17左侧是C64个人电脑，右侧是Amiga朋友系列电脑，朋友系列电脑价格大众化，更加促进了三维艺术和游戏美术爱好者广泛参与和创新。另外，Amiga还有四声道的数码音频处理功能，这些功能使朋友系列电脑非常适合作为游戏和三维软件的开发平台，如NewTek公司的Lightwave 3D，Maxon公司的Cinema 4D都推出了第一版商业用三维软件。

到了1993年，游戏公司Id Software使用了第一个自行研发的三维游戏引擎，创作出一款三维游戏《狼穴》（Wolfenstein 3D），此游戏利用了第一人称视角营造了一个充满惊险的游戏环境。这个游戏的成功激发了后来相似风格的游戏的开发，并彻底改变了游戏美术设计的面貌和创作方法，使游戏美术进入三维时代。1996年的《雷神之锤II》（Quake II），Valve公司的《半条命》（Half—life）等游戏在三维动作表现方面都更加精湛（图1-18），游戏的美术效果越发的逼真。

20世纪90年代的游戏产业发展迅猛，电视游戏占据了大部分的游戏市场，任天堂和索尼的游戏机成为电视游戏开发的主要平台，同时发展的还有掌中游戏机。掌中游戏机的设计构思传承了街头游戏机的游戏风格，并且便于携带和更换游戏卡，而且不用特意追求升级硬件，正是这一特点使得任天堂公司非常成功地占据了大部分游戏市场，也使得游戏的设置和高品质画面被设计团队重视起来。而随着越来越多的游戏制作公司和游戏机制造商的出现，掌中游戏怎样才能经久不衰呢？唯有提升游戏软件和视觉表现力。目前，掌中游戏机游戏仍然占有一定的市场份额，且它的目标用户也不仅限于儿童，PDA手机游戏的发展可以说是掌上游戏的

2. 冒险类（Adventure）

冒险类游戏脱胎于动作游戏，加入了丰富曲折的情节要素，并伴随着无数悬念。这类游戏通常是让玩家利用各种道具探索虚拟世界，解开设在游戏里暗藏的谜，以顺利完成游戏，其故事情节往往是以完成某个任务或是解开一个谜题的形式出现的。它并没有提供战术策略上的与敌方对抗的操作过程，取而代之的是由玩家控制角色而产生一个交互性的故事。冒险类游戏的共同特征是包含探险、收藏、解谜以及简化了的格斗和动作内容，也有某些冒险类游戏中完全没有矛盾冲突存在，因此在冒险类游戏中格斗不是主要元素。当然，冒险类游戏的代表作也有侧重动作的《Devils May Cry》（图1-23）以及Cyan Production制作的《Myth》等。动作冒险游戏具有复杂的地形，多视角和镜头的融合，多种游戏元素的混合等特点。另外，衍生了“隐秘模式”的新型动作冒险游戏。

▲图1-23《Devils May Cry》游戏画面

3. 角色扮演类（Role Playing）

角色扮演类游戏含有多种游戏类别，比如战略、经营、益智等等。著名的游戏有：《仙剑奇侠传》、《大航海时代》系列、《暗黑破坏神》等。这是使玩家最有带入感的游戏类型，它通过赋予玩家一个假定的角色，指定玩家按照角色的个性特征和使命来表演整个游戏情节。在此类游戏中，玩家通常会扮演虚拟世界中的一个或者几个特定角色在特定场景下进行游戏。角色根据不同的游戏情节和统计数据（例如力量、灵敏度、智力、魔法等）具有不同的能力，而这些属性会根据游戏规则在游戏情节中改变。这一类游戏一经推出就大受欢迎，究其缘由应该是其能充分满足玩家对完美人格、超能力与非现实生存体验的心理需求，所有玩家都可以将自己当作是一名架空世界中的虚构角色。玩家们都可以摆脱自己在真实世界中的社会身份，成为一名拥有特殊能力和不同身份的角色，可能是一名超级英雄，或者是对黑暗知识运用熟练的法师，或者是一个梦想获得美女青睐的野兽，总之，极大程度上满足了玩家们的心理需求。在游戏的玩法上，由于此类游戏多采取回合制作战方式，主要的游戏元素是：剧情、画面、战斗系统、升级、技能、物品、敌人、NPC等。其中最重要的就是剧情和升级，易操作、画面绚丽是多数角色扮演类游戏的特点。

4. 战略类（Real Time

Strategy）

战略类游戏的方式是资源的采集、建造、发展、战斗，都是即时进行的。与角色扮演类游戏不同的是，即时战略类的随机性更强，游戏节奏更快，所以一经面世在流行程度上就胜过了传统的回合制游戏。同时，由于游戏的快节奏使得每个情节段落的游戏时间变得更短，因此可以在较短周期就完成一个任务，且游戏的每个情节段落相对独立，部分解决了游戏沉溺症的问题。此外，即时战略游戏比回合制游戏更适合多人联机对战，是目前多数网络游戏的运营模式，快捷无疑是它流行的一个重要原因。1998年，Blizzard Entertainment推出了最经典的《星际争霸》（StarCraft），成为了最受欢迎的即时战略游戏之一，而《魔兽争霸III》（Warcraft III，2002）则是最成功的早期3D即时战略游戏。（图1-24）

▲图1-24 《War Craft》游戏画面

5. 运动、赛车类（Sports / Racing）

运动、赛车游戏是基于真实的体育运动类型开发的游戏，让玩家扮演运动员以培养运动技能、参加比赛升级或者直接控制运动员参加比赛（图1-25），足球、橄榄球、高尔夫球游戏深受玩家的喜爱，例如，EA公司的FIFA、Madden NFL、Tiger Woods PGA Tour等游戏。运动游戏还包括了单纯模拟极限运动项目的滑雪、滑板运动。赛车游戏风格分为模拟式和街机式。前者追求真实地比赛模拟，加入了车辆碰撞、修改车辆性能的元素，如《华贵巡游》（Grand Turismo）。街头游戏机式的赛车游戏比较夸张，如《极品飞车：地下狂飙》（Need for Speed: Underground）以汽车的碰撞为比赛的目的，惊险刺激，真实感强，所以受到众多男性玩家追捧，现在更是有很多家用游戏机上有交互式的虚拟现实运动、赛车游戏，既满足玩家的娱乐需求，又锻炼了身体。

▲图1-25 《Golf》《Race》《FIFA》游戏画面

6. 益智、棋类（Puzzle）

▲图1-26《大富翁》《俄罗斯方块》游戏画面

这类游戏以趣味性的思考为游戏的核心，内容可以包罗万象，思维模式也可朝物理性及逻辑性方向着眼，具代表性的是《俄罗斯方块》《挖地雷》《大富翁》等。此类游戏多数轻松、休闲，规则也已被大多数人掌握，玩家还不受年龄阶层的限制，大多拥有丰富的受众基础，属于最家喻户晓的一种游戏类别。这类游戏还包括扑克牌、象棋、弹子球等桌面游戏，以及中国象棋、围棋、国际象棋、五子棋、跳棋、斗地主、麻将等诸多传统或新兴娱乐项目。（图1-26）

三、游戏美术设计的流程

一款游戏的策划方案产生后要经过充分的论证，游戏的核心内容和特点在哪里？公众的接受程度如何？游戏研发往往需要投入大量的资金、人力，因此游戏策划案的论证非常重要。游戏的开发流程由一个个环环相扣的阶段组成，保质、按时地完成每个阶段的任务是游戏研发机构的目标。游戏美术设计与游戏设计的关系十分密切，美术设计不仅要达到预定的视觉效果、画面品质，而且要准确体现游戏设计的策划意图。例如，关卡设计师就是一个融合了美术设计与游戏设计的职位，关卡设计师既要考虑到不同关卡出现的逻辑性，同时也要考虑到在视觉呈现时的差异性。总之，了解相关的游戏设计流程知识，有助于游戏美术设计人员对游戏开发有整体的认识，从而在美术设计工作中注意合理性。

（一）前期策划

游戏前期制作主要是创建出游戏原型的“模拟样品”，这样能看到大致的最终效果。出于资金、效率的考虑，现在的游戏策划多数依靠已被认可的创意——电影、小说、漫画以及公众感兴趣的题材，比如：《蜘蛛侠》（Spiderman）来源于同名漫画，《金刚》（King Kong）来源于电影，《细胞分裂》（Splinter Cell）源于同名小说等。此外，也有一些小公司原创的游戏被投资方或大公司发现并收购的案例，如《Grand Turismo》、《侠盗飞车》（Grand Theft Auto）、《光环》（Halo）等游戏。许多公司在制作游戏的同时抽调部分成员，专门负责新的游戏策划方案和游戏原型／演示工作（Game Prototyping／Demo），有时也会同时撰写若干游戏策划方案以供选择。

（二）中期制作

1. 项目流程表

游戏的制作并非美术主管或总监的个人意图的体现，但在执行时需要由主管们按照项目意图充分控制整个作业程序并协调各部门运作，不然就会有延期的危险，且影响到销售和推广。如何尽量避免延期是每个游戏研发团队最为重视的，严密控管项目进程表可以减少延期发生。

首先，策划人员在执行制作之前就必须制订策划案及搜集可用资源，并经程序人员及美术人员开会确认后正式执行。我们以一个即时战略游戏来作说明，在制作前期，程序人员投入地图编辑器的撰写，而地图编辑器的逻辑设定要由企划人员先规划。然后程序人员再根据策划人员的规划进行程序编写。与此同时，美术人员也要开始概念设计的创作，待到游戏构架和概念设计完成后，方可进行具体的制作，一般一个游戏工作小组至少配备四位美术人员，他们分别负责角色建模、角色动画、贴图、场景地图四个部分的制作。而大中型的游戏公司分工更细，分为建模、角色动画、贴图和场景地图、灯光、过场、后期制作、分镜等部分，每个环节都配备两个或两个以上的美术师在作业，这些人统一由策划人员负责并与程序人员交流，所以说美术人员工作的成败是关系到整个游戏画面品质高低的关键。

2. 程序资源和游戏美术管理

由于游戏开发是一个团队的协作过程，因此，跟踪程序资源和管理游戏美术资料的工作变得尤其重要，这需要每个制作团队对新员工都要进行数据库、局域网络方面的培训。简言之，就是对于文件的检入、检出系统进行管理和控制。随着游戏开发的进行，各种程序的源代码、美术资料不断增加，建立起高效的资源管理机制，能有效地避免文件的错误“覆盖”和修改无效版本等问题。举例来说，一个模型、贴图会经过不同成员的修改、调整，使用资源管理软件，就会显示该文件在何人手中修改、版本号等信息，避免出现重大的失误。

3. 创作进度监控

每个游戏公司都将游戏制作过程分为若干个阶段，要完成上一个阶段的工作，才能够进入游戏的下一个阶段。每个阶段完成后的阶段性成果都必须交由项目经理验收，项目经理必须及时地发现可能耽误游戏研发进度的问题，同时保证游戏符合既定的品质要求。而负责承担第三方开发的公司有两套时间表，一个是内部计划表，另一个是客户计划表。阶段性的验收需要经过严格的测试，直到游戏的各方面表现符合标准，表现稳定可靠，才可以被通过。第一个阶段，工作人员要完成游戏的主要程序，至此，游戏不再对程序添加任何新的内容，以方便对游戏程序的调整、修改，确保程序运行的稳定、可靠。另外，游戏引擎也同步完成，美术设计人员已经拥有一个稳定的平台测试美术内容。相对完整的程序的更改有助于评估游戏的表现——画面品质、动画混合、帧速率、运算速度等指标。如果研发单机版游戏，在这时要针对硬件指标，适当减少游戏的玩法或优化模型、贴图以提高帧速率、运算速度等指标。

综上所述，游戏制作流程即实现游戏美术设计的过程。游戏美术设计的核心是创造力、艺术素质、技艺的综合体现，是一个协调性非常强的工作，需要团队成员的默契配合。通过对游戏制作流程的了解，我们就不难发现概念设计在其中的重要性，它奠定了游戏作品的视觉表现力的基础。

2 二、游戏概念稿的基本要求

（一）游戏概念稿的目的

游戏概念稿也叫氛围图，它是在整个项目开始执行的时候，对游戏情节中相应出现的画面进行构图、色彩、光影方面的设想以及推敲的初稿，可能画面并不精致，但对于整体效果的把握和推敲起到了一个统领性的作用。（图2-5）我们在绘制游戏概念稿的时候，有一些要素是需要推敲的，首先我们应该根据所设定的游戏时代背景，确定环境的风格，这其中就包括了建筑物、景观、小道具等（图2-6）；其次我们应该根据场景所需传达的情绪设定其色调和光线，形成整体氛围；最后把角色和道具按比例关系在场景中安放上去，好确定场景与角色之间的空间比例以及体量关系（图2-7）。

▲图2-5

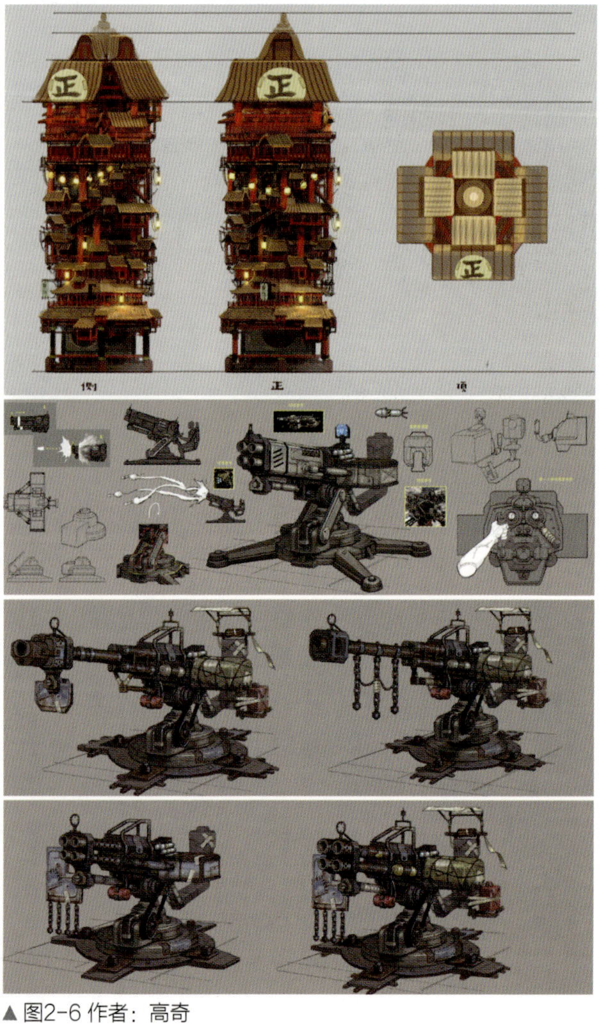

▲图2-6 作者：高奇

▲图2-7 作者：高奇

（二）游戏概念稿的法则

在绘制游戏概念稿的时候，不论文字的内容多么丰富详尽，如果设计师无法使用具体的形象将抽象的文字化为可视的图像，也是徒劳。而世间形态千千万万，如何使用正确的手法去塑造，这对于设计师是个考验。因此，设计师在创作概念图的时候，往往会用到一些造型艺术里的基本形式法则。形式法则是人类在研究造型规律的过程中对美的形式规律的经验总结和抽象概括。研究、探索形式美的法则，能够帮助设计师创作图像，进而去创造美的事物。掌握形式美的法则，能够使设计师更自觉地运用形式美的法则去设计概念稿，达到形式与内容高度统一。

对于任何一个概念稿来说，首先要把画面上的各种造型元素组合在一起，如何组合各种画面元素呢？我们会通过构图来实现。构图从广义上讲，是指形象或符号对空间占有的状况，即对画面内容和形式整体的考虑和安排。由于一幅画的画面往往是由许多图形元素构成的，那么怎样在画面上安排组织这些元素，让它们在纸上更加美观地呈现出来，就需要对它们进行一定的调整和组合，当然这个里面也是有一些规律是可寻的。画面上所有的构成元素之间都有其节奏感，不管是色调的深浅浓淡、形体的错落变化，还是物体的远近排列，它都像音乐一样具有韵律感。

1. 构图方法

a. 画面的幅式

画面的幅式有三种基本形式：横长方形、竖长方形、正方形。横向长方形幅式，给人以伸展、舒畅、动感的感受，适合表现视野广阔的目标物体；竖向长方形幅式，给人以上升、挺拔、亲切的感觉，适宜表现高大挺拔特征的造型；正方形幅式，给人以严谨、集中、庄重的感觉，较适合表现圆形、三角形、方形等形态的造型，不过在概念稿创作中使用极少。（图2-8）

b. 形态与空间

概念稿中所涉及的所有角色、道具、场景大多都是以非对称的形式被排列、组织在画面上的，设计师往往就是根据题材和主题思想的要求，把要表现的形象适当地整合起来，构成一个协调的完整的具有美感的画面。设计师如何创作出这样的画面呢？设计师所画的形态在画面上的位置对人的视觉感受与心理会产生直接的影响，位置偏上、偏下、偏左、偏右，都会使人产生不同的感觉。那么在画面中安排所画形态，多大为合适呢？太大，画面显得臃肿；太小，画面又会空旷；而太左、太右都显得失去均衡，更不行。根据经验，有一种构图形态经营位置线，可供初学者参考。方法是：将横向或竖向画面，长、宽各分三等分画线形成“井”字形，将主体形态安排在左或右边的井字交叉线上。（图2-9）通过借鉴摄影构图通常运用的三分法（又称井字形分割法），把长方形

▲图2-8

▲图2-9 作者：高奇

画面的长、宽各分成三等分，整个画面呈井字形分割，井字形分割的交叉点便是画面主体（视觉中心）的最佳位置，也是最容易引导人们视线的视觉美点。三分法是一种简化的“黄金比例”原则，但如若画面中出现多个焦点时，设计师应该尽量避免将这些焦点都放置在黄金分割点，那样会造成画面焦点的冲突，失去主次关系。

另外，形态正对的空间尽量比背对的空间略大一点，面朝光线的一面空间应比背光的空间略大一点，形态下方空间应适当比上方空间稍大一点。（图2-10）

▲图2-10 作者：高奇

2. 视觉趣味点

如上所述，构图是一个牵涉面广泛的话题并且实施方法灵活多变，不过在游戏美术设计中，设计师还需要首先理解文字的意图，然后根据故事的需要，设计适合角色运动的物理空间，而不能仅仅出于美观的考虑。构图的核心元素是：主体物与环境元素之间的空间关系、体积关系、色彩以及透视处理。成功的构图能够引导游戏玩家的视线，并且吸引游戏玩家发现画面的各元素从而吸收画面要传达的创作意图。构图最终目的就是创造有意味的视觉效果、营造氛围、传达信息，同时还要能吸引观者的注意力。

在前面的章节中我们提到过文字的内容直接决定画面的内容，那么在文字的内容描述中肯定有主次关系，如何在画面中通过对于各个元素的安排、组织来实现文字内容呢？这就要求设计师们能理清视觉表现的主次关系，确定视觉趣味点，在任何一个画面中，视觉趣味点都是最为重要的构图元素，与其他画面元素相比，它是画面的视觉主体，时刻牢记这一原则，就能使构图“主次分明”。

比如要表现一个层次丰富的空间，又要能满足空间中比较重要的信息传递，首先就需要确立画面的近景、中景、远景，也就是画面的远近关系；其次寻找到适合表现主题的元素——飞檐斗拱的石砌亭子，连接崖壁的索桥、长廊，寸草不生的石崖，远处的山寨门等，这都是文字内容的具体物质体现。在设计概念稿之前，设计师就应思考如何突出画面的主体——带有入口图形符号的亭子，而画面的辅助元素怎样配合构图等问题。图中的处理方式是，将前景的石板路、芳草地虚化，色调比较暗沉，远景的寨门、山体刻画也比较简略，而将主体的亭子以及主要道具“入”符号打上明显光线，这样的虚实关系和光影关系使得主体得到了突出。那初学者该如何训练视觉趣味点并在创作时主动地安排构图呢？主要还是得在日常生活中多加观察，并用身边的物体练习构图，学习并掌握“主次分明”的原则。（图2-11）

▲图2-11 作者：高奇

3. 视觉对比法则

概念稿设计的视觉表现离不开对画面元素、造型语言的了解。对比手法是艺术设计中最基本的造型语言，它通过光影的明暗、线条的抑扬顿挫、色彩的冷暖、形体的轻重等要素来形成画面的韵律感。（图2-12）对比的手法往往是把两个或两个以上不同形状、体积、色彩的元素紧密结合后创造出强烈的视觉冲击力。它能使主题更加鲜明，视觉效果更加活跃。对比关系主要通过视觉形象色调的明暗、冷暖，饱和度的浓淡，色相的迥异，形状的粗细、长短、厚薄，方向的垂直、水平、倾斜，数量的多少，排列的疏密，位置的上下、左右、高低、远近，形态的虚实、黑白、轻重等多方面的对立因素来达到的。图2-13利用透视线来加强近大远小的空间感，造成强烈的视觉冲击力，一方面近处和远处的横线长度对比显示出空间的深邃，另一方面近处暖、远处冷的灯光也拉大了空间的容量。

▲图2-12 作者：高奇

▲图2-13 作者：高奇

五、单元教学导引

目标

本教学单元的目标在第一章的铺垫下，展开讨论具体的游戏概念设计内容与流程，旨在帮助学生了解概念稿的具体绘制事宜，并明晰游戏概念稿在整个游戏美术设计中的统领地位。使学生树立正确的游戏美术全局观，培养学生的专业意识。

要求

任课教师在教学过程中应根据本单元论述的基本理论框架，用造型艺术基础知识和游戏美术设计所涉及的基本知识结构，结合着游戏前期概念稿的重要性进行阐述，把游戏概念稿创作的基本原理寓于具体案例的讲授之中，这样才能更有效地植根于学生脑海里，成为行动的标尺。

重点

本教学单元的教学内容主要阐述了四个方面，重点在其中三个内容，即“游戏概念稿的实施方法”“游戏概念稿的色彩计划”及“游戏概念稿的创意要点”。任课教师在课堂讲授中对这三个方面的内容，应尽可能的结合游戏概念稿的范例，深入剖析，使学生融会贯通，留下深刻印象。

注意事项提示

本教学单元论述的内容需理论联系实际，属于本门课程的总论，任课教师如果照本宣科，势必会显得过于简单，难以引起学生的重视与兴趣。要获得良好的教学效果，需要教师多找相关资料，以本教程理论为框架做知识延展，以生动形象的案例来佐证。

小结要点

学生第一次了解游戏概念稿绘制的心理状态及学习热情怎样？对于学习绘制游戏概念稿的基本理论的重视度与理解度又如何？学生对教师的教学方法反应怎样？从学生完成作业过程中反映出学生对游戏概念稿的基本原理的理解与把握怎样？结合课堂作业评述指出不足与努力的方向。

为学生提供的思考题：

1. 游戏概念稿与其他形式绘画作品的相似之处在哪儿？它们的差别又在哪儿？
2. 游戏概念稿的特殊性体现在哪些方面？
3. 你在未进入本单元学习前，对游戏概念稿的理解是怎样的？
4. 现代游戏概念稿具有哪几个方面的功能价值？
5. 现代游戏概念稿必须具备哪些基本的构成要素？日常练习需要注意哪些方面的基本造型语素？
6. 游戏概念稿在整个游戏前期创作中处于什么地位？它需要一些什么知识做辅助？
7. 日常生活中，应该怎样锻炼自己的设计思维能力与联想能力？

学生课余时间的练习题：

1. 临摹不同氛围的封闭空间与角色关系概念图稿10张，写实风格为主。
2. 临摹不同氛围的开放空间与角色关系概念图稿10张，写实风格为主。
3. 设计出不同氛围的封闭空间与角色关系概念图稿2～4张，写实风格为主。
4. 设计出不同氛围的开放空间与角色关系概念图稿2～4张，写实风格为主。

作业命题：

为一款国产武侠类游戏设计4～8幅氛围概念稿。

作业命题的缘由：

在本教学单元教学过程中，虽然学生已经对游戏概念稿的创作基础及其功能价值有所了解，但还不够深入，只是一个表层的认识，为了加强对章节内容的实际操作理解，首先通过模拟项目来训练学生们的实践能力，使其尽快投入到专业学习状态中。很多初学者虽然拥有一定的造型基础，但设计能力和设计思维并不成熟，所以通过临摹的作业练习可以帮助他们进入专业学习状态，作好学科知识铺垫，而通过设计概念稿可以调动初学者的主观能动性，使其更加主动积极地进入到学习状态中。

在这个作业命题中，同学们需要注意这样一些问题，切忌将考生时期的绘画习惯带到专业学习中来，在临摹作品时，注重观察和揣摩绘画技巧，及时与自己的上课教师交流学习心得并讨教学习方法。而在自行创作时，设计思维的培养和训练是放在首位的。这是一个相对比较困难的阶段，脚踏实地地做好基础训练对于以后的专业学习会有助益。

命题作业的具体要求：

1. 同学们在完成临摹作业时需注意以下三个方面问题：（1）根据任课教师提供的某些游戏概念稿或某几位游戏概念大师作品来分析和学习技法；（2）注意成熟的概念稿作品的画面风格与技法的同时，还需思考设计师们如何根据文字内容来进行画面创作，对概念稿画面进行反向推导，研究其创作思维；（3）临摹稿应该详尽，切忌粗略而笼统的临摹，要研究其常用的构图方式，画面组织手法，色彩塑造手法等。
2. 同学们在完成设计作业时需注意以下三个方面问题：（1）可适当根据临摹之作业来构思自己的概念稿；（2）尽量根据任课教师提供之主题进行创作，这样能由浅入深地做好进阶训练；（3）研磨绘画技巧的同时，要对相关专业的专业知识进行了解，拓宽知识面，开阔心智。

命题作业的实施方式：

PSD电子文档形式，纸质打印文件。

作业规范与制作要求：

1. 临摹作业

尺寸大小：A4幅面（29.7cm×21cm）20幅

文件分辨率：手绘即可

用文件夹装订成册

2. 设计作业

作业尺寸大小：A4幅面（29.7cm×21cm）4～8幅

文件分辨率：350dpi

用电脑软件全彩色制作完成后用喷墨或激光打印。

第 3 教学单元

游戏角色设计的原理与实施

一、游戏角色设计的概念与内容

二、游戏角色设计的基本构成要素

三、角色设计的实施方式与细节

四、游戏角色设计的实施流程

五、单元教学导引

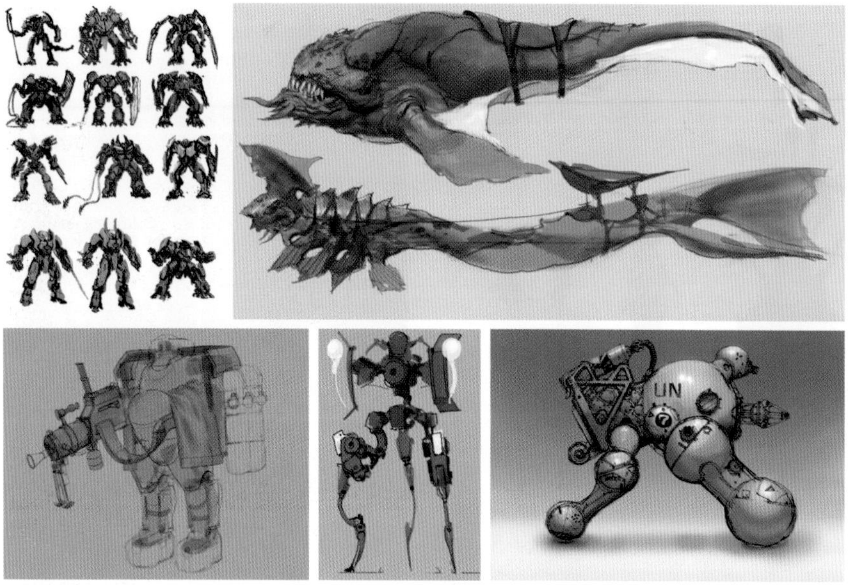
▲图3-5 作者：高奇

（二）游戏角色策划案

合理的原画设计是游戏美术中其他环节工作的保障，但设计师在完成原画设计图前，常常会有文字说明、注解，以确保策划者的意图准确地传达给其他美术设计人员。由于游戏中的角色包括了人、动物以及虚构的生物体，因此适当准确的文字说明能帮助后面原画师和建模师更好地理解造型。具体地说，游戏角色策划案的构成要素一般包括形象特征与属性特征两个部分，形象特征即角色的具体形状，视觉特征，它通过游戏原画师来完成，但在描绘具体形象之前，我们需要由前期人员编写好游戏角色的策划案，也就是完成角色的属性特征。属性特征可以细分为属性名称和取值范围两个部分，例如：姓名、性别、年龄、技能、特长等都是一个角色的属性名称。在《暗黑破坏神》里面，角色的力量、敏捷度、活力、法力、生命值、魔法值等都是属性名称。而取值范围则是角色的能力值的分级，比如，魔兽世界里面角色级别分为1～60级。这两者完成了一个角色横向与纵向的塑造，使角色丰满。

任何一个角色属性定义都必须包括六个方面：属性名称、属性说明、属性作用、取值范围、适用范围、相关说明。规范格式如下：

属性名称：生命值；

属性说明：判断角色生存状态的属性；

属性作用：当属性值为0时，角色死亡并退出游戏；

取值范围：参照“生命值”增长规则；

适用范围：游戏中所有角色；

相关说明：角色的生命值与其等级有关，每个等级对应固定生命数值。

在策划文档中还要编写具体的角色，这部分内容叫作角色描述部分。格式如下：

职业名称：剑士。

属性初始值：

力量：30；

敏捷：20；

精神：10；

生命值：150；

等级：1；

经验：100。

将上面说的内容再深入一点，游戏角色策划案建立起这种主要角色的“个人档案”，这个档案是为了便于设计师全面理解，为再现游戏角色提供依据，从角色的生活经历和历史背景去理解角色，对于再现角色非常有帮助。

角色设计的初始状态下，设计师需要绘制出数套不同角色的形态草图，草图不需要深入细致地刻画细节，设计师尽量保持草图的绘画速度，笔触轻松、随意即可。迅速确立角色的种类、外轮廓、重量、体形、姿态、性别等要素才是重点。如图3-5所示，虽然只是轮廓草图，但图中各种角色鲜明性一目了然。

创作可行的游戏角色，需要建立一套行之有效的方法。最重要的一点是“换位思考”，即从所设计角色的地理或人文环境去思考问题。角色所处的生活环境是森林、沙漠还是海洋，角色的道具、服饰揭示了何种时代背景、何种技术。在确立了角色的比例、形体特征以后，逐步添加配饰等细节，给所设计的角色添加各种配件、道具，重要角色的背景以及这些道具、配件的制作工艺、用途。生活中的人物往往只携带必需品，多余的配件只会起到画蛇添足的效果。但在游戏中，角色所使用的配件和道具作为证明角色身份、职业、个性的必需品，与角色所处的环境是有机联系的。图3-6中这个角色的个性鲜明，身材精悍瘦削、肌肉结实，属于行动力强、灵活性高的角色；服饰的设计上不重装饰性，却很好地诠释了角色的性格特征和生活习惯，破旧污损的武士服以及木屐，鲜明的武士形象跃然纸上；发型是经典的20世纪80年代盛行的Disco风的爆炸头；职业是古老的武士，但是融入了一些现代人的元素。道具方面也很简单，一把日本武士长刀，一根头上绑着的太阳旗，一根斜叼着的烟，一对手环。长刀和手环都可以做攻击、防护用；而太阳旗代表了角色的民族属性以及热忱之心；斜叼着的烟就很有角色的性格标签了，这样坚毅的眼神加上嘴角叼着的烟，生动地展示出一个桀骜不驯、不拘一格又身手不凡的武士形象。另外一个使游戏角色鲜活可信的技法，就是赋予他们生存能力和判断力等智慧。例如，出于生存目的，他会根据自身的体能、技巧，运用自己独特的招数去应对敌人。

▲图3-6《爆炸头武士》角色原画

▲图3-7《荣誉勋章》游戏画面

▲图3-8《战争机器》游戏画面

（三）角色设计基本常识

首先，就游戏角色设计而言，分为PC（Player Characters）互动角色和NPC（Non Player Characters）非互动角色两大类。前者就是可以被游戏玩家操控的各种游戏角色，后者是由程序控制的“群众演员”。互动角色一般非常好理解，相当于一部戏的主演，而非互动角色虽然都类似于一部戏中的配角与群众演员，其分工却很细腻，可以分为非控制主要角色、非控制次要角色、非控制简单角色。同时，非互动角色虽不是主要出场演员，却对整个游戏情节的进程起着推波助澜的作用。例如，利用道具或台词为互动角色提供情节线索，烘托整体游戏情节的气氛，帮助互动角色提升等级，等等。

游戏类型是决定游戏角色设计的主要因素，在一个第一人称视角的游戏中，玩家通过角色的视野观察游戏环境，也就是将玩家当作游戏的“主角”，玩家只能看到一双“手臂”，更多地通过非互动角色来了解游戏剧情故事，感受游戏世界的氛围，临场感很强（图3-7）。在第三人称视角的游戏中，玩家控制游戏角色的运动和行为，游戏角色完全展现在玩家眼前，在衔接游戏关卡的过场动画中，如果使用第三人称视角，玩家可以通过动画中剧情的推进看到“自己”的全貌，因此主要角色的设计作用被凸显（图3-8）。

其次，设计师在设计角色造型的同时，还需考虑到市场销售因素，即游戏角色的设计一定要符合玩家人群的定位，也就是说要针对特定的消费群体来开发角色。比如，设计师要结合消费群体的年龄、身份、消费习惯、审美、爱好、生活习惯等因素进行评估、分析。市场调查的工作不仅局限于游戏角色、整体的游戏设计，策划也要围绕消费群体展开。所以，作为设计师有必要了解游戏角色设计受到何种非艺术因素的影响。

从心理学角度讲，观众／玩家需要从游戏角色身上找寻“认同感”，并且建立“情感联系”，这样角色才能受到他们的欢迎。我们在很多成功的商业片中可以看到这种“情感联系”发挥的心理暗示作用，在美国最经典的英雄类型片中，主角往往都是一些缺乏自信、胆小怯懦的小人物，这与大多数观者的现状是一致的。例如，电影《蜘蛛侠》中的主角就是缺乏自信、善良、腼腆的青年，他有着与普通人一样的烦恼、愿望，符合一种主流的价值观，因此易于引起共鸣（图3-9）。故事情节为他设置了一系列的考验，以激发他勇于面对自己胆怯的决心，使其在关键时候展现出了英雄本色。当然，游戏作品塑造出的成功角色也不胜枚举。比如，家喻户晓的Mario（马里奥）、Sonic（超音速刺猬）以及知名度极高的游戏角色Lara Croft（劳拉·克劳芙特）等（图3-10），他们与英雄系列片的主角一样，具有勇敢、善良、正义等相似的人性闪光点，因此极易取得大众认同。当然，角色塑造的类型是多种多样的，有的是英雄式的，集众多优点于一身，也有的就像大多数影视作品中的小人物、小角色，他们亦能引起玩家的共鸣。这些小角色往往能在剧情的编排下，通过不断地努力和学习过程提升自己，如最为经典的有中国传统文化代表性的作品《仙剑奇侠传》，剧中人物本来是无名小卒，能力欠缺，却在不断地努力之下取得了成功，并赢得爱情（图3-11）。

▲图3-9《蜘蛛侠》游戏画面

▲图3-10《超级马里奥》《Sonic》《古墓丽影》游戏画面

▲图3-11《仙剑奇侠传》角色原画

游戏角色的成功塑造同时为开拓市场、增添游戏产品的附加价值创造了条件。上述成功的游戏角色皆因受到了最广泛的市场认可，进而被改编成了电影，并出现了一系列的衍生产品——漫画、影视作品、玩具等，创造了远远超过游戏本身所能带来的收益。

现下，随着市场对高品质游戏需求的增加，游戏作品更加关注剧情、内涵，这就要求角色设计更加注重“个性”的塑造。许多轻松休闲类的游戏角色原本是针对儿童市场开发的，可是竟也受到了成年人的追捧，比如，育碧公司的“雷曼”系列作品，这款横版过关型的游戏玩起来感觉轻松惬意，是非常棒的动作游戏，虽然其造型偏低龄化，却不影响其成为育碧公司最卖座的游戏作品之一（图3-13）。而《愤怒的小鸟》也有异曲同工之妙，这款益智类游戏造型简洁，类似于儿童简笔画，识别性极强，故此在2011年风靡一时（图3-12）。由此可见，好的游戏角色设计可以被不同国家、不同年龄段的观众所接受、喜爱。

在这些广为流行的角色中我们不难发现，鲜明的个性是吸引观众注意的最佳手段。所以，角色设计并不一定都是高大、健美的完美典范，幽默诙谐、顽皮可爱、个性化也是游戏角色设计的涉猎范围。实际上，过度标准的审美倾向甚至会造成艺术风格的单调，久而久之更是会使得审美类型化的玩家产生厌倦。韩国是亚洲的游戏创作大国，以风格古典唯美、造型优雅见长，韩式系列游戏玩家众多，多数玩家一开始都是因为其理想化的角色造型和柔和唯美的画面效果而选择此类游戏，但若多款产品的造型相似性过强，难免使玩家产生审美疲劳。因此，角色除了外形美观以外，还要注意造型上的个性及特点。（图3-14）

▲图3-12《愤怒的小鸟》游戏画面

▲图3-13《雷曼》游戏画面

▲图3-14《天堂》游戏画面

3 三、角色设计的实施方式与细节

▲图3-28 作者：吴晓东

上面我们讲到了角色造型设计的基础知识，那么，究竟是具体的哪些方面构成了角色设计的专业知识呢？角色设计简单地说就是要使用形象和色彩来体现相应的性格、职业、爱好等，从文字到形象，从形象到色彩是其基本内容。下面，我们将从角色设计的实施方法与细节来具体剖析角色设计的专业技能。

（一）角色设计的实施方式

游戏中的角色千姿百态，但其造型手法大致可以归纳为五种方式：写实手法、夸张手法、概括手法、儿童化手法、整合手法。

1. 写实手法

这是目前最常见的大型游戏类角色的造型风格，大多有华丽的服饰、夸张的道具，身体结构写实，比例夸张，多采用7～9头身的理想身材比例，而且角色的五官会根据角色的不同职业、性格特征的述求调整。（图3-28）

2. 夸张手法

夸张的手法是在设计游戏角色造型时最常用的手段，是游戏角色设计的精髓。夸张是将形象的特征进行强调和扩展的艺术手法，设计师通过夸张，可以使形象更加突出和鲜明，其效果可以通过造型、比例和色彩的变化、线条的伸缩和面积的缩放来实现。毫不夸大地说，几乎所有的游戏造型，不论其是抽象还是具象，都不同程度地运用了夸张手段。有的夸张可以是身体比例方面的夸大，比如我们在塑造半兽人、怪物或强壮的男性角色时喜欢将肩部与腰部的宽度对比加大，以使其显得魁梧；有的夸张是将身体的整体轮廓设计得过胖或过瘦，能够加强形体的说服力，使强大的角色更加的强大，虚弱的角色更加虚弱；有的夸张也许是就五官的“三庭五眼”的特征作位置、形态和比例关系的调整。（图3-29）总而言之，此类角色注重突出视觉效果，利用夸张、荒诞、不合理的视觉元素来达到目的，设计不再受制于逻辑性的考虑，但夸张的各部分需看上去和谐。

▲图3-29

3. 概括手法

概括是一种保留对象的主要形态，而去掉客观对象的某些细节的艺术手法。概括的前提是了解并把握对象的真实形态特征以及本质属性，再将形象高度概括为线面的组合，使形象洗练、鲜明，给人以直观、精简的美感。很多游戏角色的线面造型都是通过概括被简化到了十分单纯的程度，某些造型甚至在处理上有些极端，却凸现出强烈的视觉效果，久而久之形成一种独特的审美情趣，在视觉感受力上也觉得轻松许多。（图3-30）

4. 儿童化手法

也就是我们常说的Q版风格，这种风格的角色造型极度夸张、幽默，有儿童化的造型特征，头大身小，在亚洲地区非常流行。设计师在造型上吸纳了儿童的一些生理特征，如大额头、圆脑门、头身比例在2～3头身之间，类似于婴儿或孩童。（图3-31）

5. 整合手法

这是在做怪物设定时常常会用到的手法，由于坐骑、怪物等生物多数来源于神话传说或者虚构时空，因此实体的参照物较少，设计师在设计时往往就利用拟人、拟物或是嫁接的手法来进行创作。例如，游戏中常常出现的半兽人，多半就是以动物的身体搭配人物的身体组合而成（图3-32）。而有的机械体、飞行器又会借用自然界的生物造型来塑造。（图3-33）

▲图3-30《最终幻想》角色原画

▲图3-31《梦幻西游》角色原画

▲图3-32（左）《fantasy》概念稿（右）网易青龙工作室横版动作游戏《斩魂》

（二）角色设计的实施细节

1. 体型与整体比例的设计

游戏角色的整体形态设计是对虚构造型的轮廓、形态进行推敲和设置，也可以称为轮廓设计。在角色的造型塑造上，恰当的身体形态在作品中较其他的细节和面部设计有着不可取代的张力。（图3-34）作为专业的设计者与创作人应该特别地重视这种相对隐性的设计在整

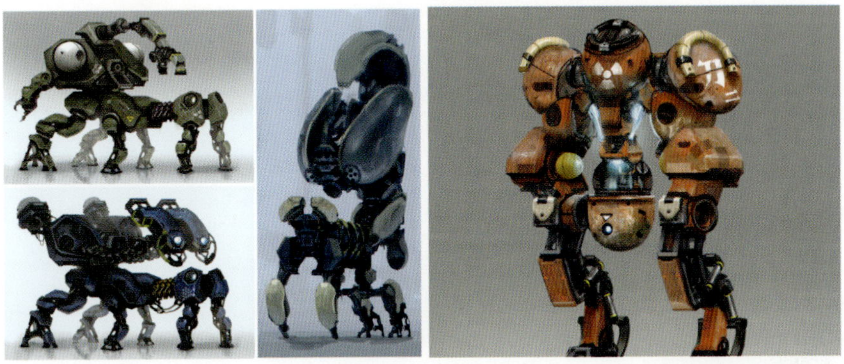

▲图3-33 作者：高奇

▲图3-34 网易青龙工作室横版动作游戏《斩魂》

▲图3-35《最终幻想》游戏画面

▲图3-36《Diablo》游戏宣传画

▲图3-37 作者：高奇

体的形象设计中的辅助作用。

首先，一个好的体型设计不但本身就可以传递角色的类型与明确的性别概念，在角色的动作设计中也起到一定程度的决定性作用。换言之，体型将决定一个角色的动作特征。

以游戏作品为例，日本Square公司的《最终幻想》游戏系列角色塑造得非常成功，游戏根据不同的职业、种族、个性分门别类地创作了很多形态各异的角色，特点鲜明。游戏中的角色职业囊括了战士、武僧、小偷、魔导士、魔兽等。其中有力量型的角色，也有体态轻巧的角色，我们可以从图中的对比看到，游戏中出现的各种职业的人物、动物或是怪兽，在设置形体比例的时候都被设计师人为地加大了对比关系，以突出他们的差异性。（图3-35）

再以暴雪公司作品《暗黑破坏神3》中的角色造型为例，这款游戏里的角色职业主要划分为猎魔人、野蛮人、魔法师、武僧、巫医等，根据该游戏中不同角色的成长经历以及生活背景，设计师将这几个职业的角色体态特征等都作出了识别性的创造。（图3-36）

野蛮人，为男性角色，拥有巨大的体型和无法比拟的力量，使用着重型的武器，因此其体态应该是高大强健的，象征着力量。而同为男性角色的武僧，其主要依靠自身积蓄的内力作战，因此在体型设计上与野蛮人的高大健硕形成对比，身形较为精悍灵巧。作为女性角色的巫医通过法术作战，不需要过多的力量，所以设计师仅将巫医设计成体态健康结实的女性。

在角色的身形轮廓敲定了之后，设计师就会深入描绘单个角色的比例关系，单个角色的身材比例我们通常用其头部的长度作为衡量标准，一般写实的人物角色的身高为7～7.5个头长，英雄人物为8个头长，Q版为2～4个头长。游戏中的系列角色为了强调其性格和行为特征之间的差异，还原生活的真实，通常会依据角色的行为特征对其整体的比例关系作出规定。（图3-37）

所有的游戏作品在进入具体创作和绘制之前都会对角色与角色之间的整体比例关系作出明确的规定，这一点既可以表现角色的力量、年龄的差异和不同的行为特征，也可以通过外形特征上的差异来暗示角色之间的关系与冲突。特别是对于游戏作品中的反派角色的表现，设计师往往会夸大反面角色的体型，以巨大的体型突出他们可怕的力量与残暴的性格，而娇小的身材则可以加强角色的亲和力并引起玩家的同情心。当然，体型与所表达的角色特征是没有定式的，有体态瘦削、弱小，却阴险狡诈或身怀绝技的角色；也有体型巨大、肌肉发达却性情温和的搞笑角色，所以具体角色要具体分析，不可一概而论。（图3-38）

通过上面的实例，我们可以看出优秀的角色设计师不但能够根据角色形象的概念在体型的设计中将他们的特征和差异性很好地展示和区分出来，有才华的创作者们甚至可以利用这种设计的反差所产生的视觉张力来作为自己作品强有力的表现手段和独特的风格，进而创作出与众不同的经典性的作品。

2. 面部特征与表情的设计

在任何游戏作品中，如果说角色的体型是对其整体外形轮廓作剪影式的设计，那么脸型、五官、发型与表情则是对角色作更准确的介绍以及细节性的刻画，是角色宣泄内心情感的窗口。在游戏作品众多的市场现状下，呆板的角色表演已经很难满足日益挑剔的玩家了，更多的玩家会倾向于更具感染力的角色。就常识而言，脸型、五官、发型通常能最直观地为玩家传达出角色的以下几方面信息：性别、年龄、性格、审美性、情绪等。

性别和年龄一般来说是最容易识别的，可以通过对面部结构、皮肤肌理以及发型的处理来实现。例如，女性的面部一般颧骨较低，额骨稍高于眉骨，腮帮平缓圆润，五官小巧精致，头发飘逸柔软；而男性通常侧颧骨较高，眉弓突出，腮帮较大，五官也较大气，头发刚直硬朗；而年纪稍长的人会在眼角、眉梢、嘴角、腮部、颈部出现皱纹，因此，角色皮肤应随其年龄的增加而松弛下垂，年纪越大，皱纹越发深且长。（图3-39）

角色的性格表达是塑造角色时的难点，因为个性是每个角色深层和隐性的内涵，它是使得角色丰满鲜活起来的最重要元素，只有使每个角色生动活泼起来，游戏才会更有趣，令人回味。玩家在进行游戏的时候并没有那么多时间去了解角色，那么如何明确且巧妙地向玩家传递出所塑造角色的性格呢？这需要将角色的性格外化于形，就如平常我们所说的“相由心生”用在这部分的设计中颇为得当，虽然我们不提倡在设计时对正面角色与反面角色做脸谱化

▲图3-38 网易青龙工作室横版动作游戏《斩魂》

▲图3-39 作者：高奇

▲图3-40 作者：高奇

▲图3-44 作者：高奇

▲图3-45

是从复杂的自然对象中概括提炼出来作为造型的手段，线造型能直取物体的外形、结构特征，还能表现出物体的明暗、虚实关系，使其产生立体感。以线造型同样能表现出物体的不同质感及量感，看似简单的线条，随着落笔的力度、用笔的方向、笔锋的角度、行笔快慢的变化，会产生不同的心理感受。（图3-44）

我们如何去认识线的作用呢？线首先具有审美属性，如用线的节奏感，曲直、粗细变化及线条间疏密虚实对比关系等几个方面。此外，线条还具有表现属性，其重心则是立足于“质感的再现”上。不管是人物还是场景，它们都会由于表面粗细不同、软硬不一的线条而形成各不相同的质感和空间感受。（图3-45）

3 四、游戏角色设计的实施流程

在具体进入角色设计的实施流程后，设计师应该有计划、有步骤地推进，那么游戏角色设计的实施流程一般包括哪些呢？首先，要弄清角色的背景信息，人物角色需要有性别、年龄、种族、体貌特征、职业背景、社会关系、特长等；其次，要了解角色的技能，这个直接关系到角色最后运动起来是否可行，角色动作需要包括动作的幅度、强度、速度、性质、过程以及有无特效等内容。

下面我们以一个具体案例作简单说明，实施角色设计的常见方法大致如下。

（一）勾线确定大致的形态结构。此阶段主要是准确地描绘出角色的动态、身体各部分比例和形态，此阶段特别需要注意的是头颈肩关系的表达、面部特征和表情的塑造、手足部造型，这是表现角色情绪细节的重点。（图3-46）

（二）整体以灰色平涂描绘对象选区。由于角色色调通常以灰色系为主，因此在对对象上色的过程中，最好将整体明度值定位在一个中间调性。（图3-47）

（三）确定图像各部分固有

▲图3-46

▲图3-47

▲图3-48

▲图3-49

▲图3-50

▲图3-51

▲图3-52

▲图3-53

▲图3-46~图3-53（腾讯公司）刘远

色。在此阶段，我们只需用平涂颜色来确定各部分的色相即可，借用这种方式，我们可以观察到整体色调与各部分颜色之间的协调性，并可以调节以达到最佳色彩搭配方案。（图3-48）

（四）设置光源，首先设定一个主光，由主光定出大致的光源方向，然后在平涂色块的基础上，辅以暗部颜色，以突出对象体积关系。（图3-49）

（五）细化部件材质，对各部分物件的质感和肌理做深入细致的刻画，以突出观赏性和质感的真实性。（图3-50）

（六）继续深入与调整图像细节。（图3-51）

（七）添加反光和环境光，使用物件的反光刻画与环境光对主体物的影响来增加真实感，并用反光突出暗部结构。（图3-52）

（八）添加背景层、光效和特殊效果，烘托出画面气氛，画出道具与服饰上的光效以及一些粒子特效以提升整体画面的氛围。至此，全图完成。（图3-53）

五、单元教学导引

目标

本教学单元的教学目标主要是深入具体地学习游戏角色原画设计的内容与流程，旨在帮助学生了解游戏角色塑造的具体事宜，并明晰游戏角色在整个游戏前期创作中的重要性，使学生树立正确的创作观念，培养学生的专业意识。

要求

任课教师在教学过程中应根据本单元论述的基本理论框架，用编剧常识、造型艺术基础知识和游戏美术设计所涉及的基本知识结构结合着游戏角色塑造的重要性进行阐述，把游戏角色创作的基本原理寓于具体案例的讲授之中，这样才能更有效地植根于学生脑海里，成为行动的标尺。

重点

本教学单元的教学内容主要阐述了四个方面，重点在其中三个内容，即"游戏角色设计的特点"、"解剖常识"及"游戏角色创作的创意与实施细则"。任课教师在课堂讲授中对这三个方面的内容，应尽可能地结合游戏概念稿的范例，深入剖析，使学生融会贯通，留下深刻印象。

注意事项提示

本教学单元论述的内容需注重实践，这是游戏前期设计里面的具体流程，若任课教师照本宣科，势必会显得过于简单，难以引起学生的重视与兴趣。要获得良好的教学效果，需要教师多找相关资料，以本教程理论为框架做知识延展，以生动形象的示范、案例来佐证，要注重给学生批改作业的环节。

小结要点

学生在粗略了解了游戏概念设计常识后的心理状态及学习热情如何？对于构思并绘制游戏角色原画的基本理论的重视度与理解度又如何？学生对教师的教学方法反应如何？从学生完成作业过程中反映出学生对游戏角色稿的基本原理的理解与把握如何？结合课堂作业评述指出不足与努力的方向。

为学生提供的思考题：

1. 游戏角色原画与其他形式绘画作品，例如速写的相似之处在哪儿？它们的差别又在哪儿？
2. 游戏角色设计的学习应该注意哪些方面辅助知识的学习？
3. 你在未进入本单元学习前，对游戏角色设计的理解是怎样的？
4. 游戏角色在游戏作品中占据怎样的地位，它具有哪几个方面的功能价值？
5. 日常练习游戏角色造型的时候需要注意哪些方面的基本造型语素？
6. 剪影（轮廓）设计在研究角色造型时能起到怎样的作用？它能对游戏角色造型的研究有哪些助益？
7. 日常生活中，应该怎样锻炼自己的设计思维能力与联想能力？

学生课余时间的练习题：

1. 临摹各种职业的角色造型剪影50个，必须包括男性和女性人类角色、怪兽、动物类型；写实风格。
2. 临摹各种职业的角色造型50个，必须包括男性和女性人类角色、怪兽、动物类型；写实风格。
3. 设计各种职业的角色造型50个，必须包括男性和女性人类角色、怪兽、动物类型；写实风格。
4. 设计写实男女、造型服饰套装各10套。细节丰富，简单上色即可。

作业命题：

为一款欧美战略类游戏设计4～8个主要角色，其中必须包含男、女战士、法师、精灵、半兽人。

作业命题的缘由：

在本单元教学过程中，虽然学生已经对游戏角色的创作基础及其功能价值有所了解，但还不够深入，只是一个表层的认识，为了加强对章节内容的实际操作理解，首先通过实战式训练方法来提升学生们的动手能力，使其尽快投入到专业创作状态中。很多初学者虽然拥有一定的造型基础，但设计能力和设计思维并不成熟，所以通过临摹的作业练习可以帮助他们进入专业学习状态，做好学科知识铺垫，而通过具体模拟项目的实施可以调动初学者的主观能动性，使其更加主动积极地进入到创作状态中。

在这个作业命题中，同学们需要注意这样一些问题，切忌将考生时期的绘画习惯带入到专业学习中来，在临摹作品时，注重观察和揣摩绘画技巧，并及时与自己的任课教师交流学习心得并讨教学习方法。而在自行创作时，设计思维的培养和训练是放在首位的。这是一个相对比较困难的阶段，脚踏实地地做好基础训练对于以后的专业学习会有助益。

命题作业的具体要求：

1. 同学们在完成临摹作业时需注意以下3个方面问题：（1）根据任课教师提供的某些游戏原画或某几位游戏概念大师作品来分析和学习技法；（2）在学习成熟作品的画面风格与技法的同时，还需要加强解剖常识和编剧常识的了解；（3）临摹稿应该详尽，切忌粗略而笼统的临摹，要研究其常用的姿态、角度等画面组织手法以及色彩塑造手法等。
2. 同学们在完成设计作业时需注意以下3个方面问题：（1）可适当根据临摹之作业来构思自己的角色原画；（2）尽量根据任课教师提供之主题进行创作，这样能由浅入深地做好进阶训练；（3）研磨绘画技巧的同时，要对相关专业的专业知识进行了解，拓宽知识面，开阔心智。

命题作业的实施方式：

PSD电子文档形式，纸质打印文件。

作业规范与制作要求：

作业尺寸大小：A4幅面（29.7cm × 21cm）4～8幅

文件分辨率：350dpi

用电脑软件全彩色制作完成后用喷墨或激光打印。

第 4 教学单元

游戏场景设计的原理与实施

一、游戏场景设计的概念与定义

二、游戏场景设计的基本构成要素

三、游戏场景设计的基本要求

四、单元教学导引

在游戏美术设计中，场景设计的主要内容包括：地貌特征，功能性建筑，人工雕琢对象，自然元素点缀，等等。根据游戏性质的不同，游戏场景或接近现实地理特征，或只存在于单一封闭空间或虚幻空间，其场景本身就伴随着关卡成为游戏操作的一个部分。由于不同类型游戏视角的不同，场景设计也有不同的设计原则和方式，有的要求模拟现实作写实状态，有的要求游戏场景可以自由切换角度或能够有操作视角，有的要求制作的场景图首尾相接……但设计的理念都是相同的。（图4-1）

▲图4-1《倚天》《I Love Coffee》游戏原画

4 一、游戏场景设计的概念与定义

▲图4-2 网易青龙工作室横版动作游戏《斩魂》游戏画面

（一）场景设计的概念及任务

场景，英文Sence，我们可将其定义为：与主体相关的空间中的各种实体。而游戏场景设计指：游戏画面中除去角色造型以外的一切物的造型设计。或者说，游戏场景指的是游戏中角色活动与操作的环境。图4-2中这个环境既有单个地图空间与景物的设计，又包含多个相连地图所形成的时空要素。可见，场景设计与角色设计在游戏美术设计中的重要性，两者相辅相成。除此之外，游戏角色在游戏中触发场景地图的事件时，可能需要在不同的场景中转换，这都是游戏场景的价值所在。

在每一款游戏作品的美术设定中，设计师都需要按文本策划出的风格来定位其场景造型的设计。例如，在大获成功的动作游戏《爱丽丝梦游仙境》中，根据设定的具体需要，玩家们可以在爱丽丝游历地下世界的旅程中引导、保护和帮助爱丽丝，同时还要解开游戏中的许多古怪谜题。在旅途

▲图4-3

▲图4-4

▲图4-5

▲图4-3~图4-5《爱丽丝梦游仙境》游戏画面

中，每个关卡都有自己的一个主题场景设计。如发条机械篇、棋盘篇等，都带领玩家进入一个充满想象与趣味的黑暗世界，在玩游戏的同时舒缓工作压力。同时，玩家们还会遇到丰富又独特的游戏角色，例如，疯帽子和柴郡猫，它们每一个都拥有独特的技能，可以帮助主角避开陷阱，或者是解决有挑战性的谜题。疯帽子可以帮助爱丽丝改变对地下世界的感知方式，并且可以利用光幻觉打开这个世界中的很多隐蔽地点；而柴郡猫的能力是可以让他自己和目标消失或出现，在这个奇异的世界中此项技能会帮助爱丽丝渡过许多难关，使用各个角色的技能，组合这些技能，能与场景进行转换与互动。（图4-3）

PC版的游戏内容基本遵从同名电影的故事情节和叙事手法，并且还引入新的虚构情节和一些新场景，如中国元素关卡、日本元素关卡、海底幽灵海盗关卡等，主体性明确，突破既有的地形局限及动作限制，让玩家们可以更巧妙地运用地形与难缠的敌人战斗，不论是角色动作、动态光影的表现还是地形上的各种物理变化，都体现了游戏超高的水准。于是，场景中造型磅礴的宫殿，大大小小的障碍，以及体积变化的爱丽丝与虚虚实实的场景，无不表现出整体风格与场景造型的完美结合。（图4-4）

在游戏的创作中，场景通常是为角色的运动提供服务的，游戏场景的设计要符合要求，展现故事发生的历史背景、文化风貌、地理环境和时代特征等；还要明确地表达故事发生的时间、地点，并能结合整部游戏的总体风格进行设计，给角色的运动提供合适的场所。另外，对于场景造型而言，我们还应该认识到，在任何一个游戏中，场景造型始终都是以帮助角色完成任务为最终目标的。换句话来说，游戏的场景造型并不是为“景”而存在，它必须是为“角色”的动态与叙事而存在，在必要的时候还要和角色互动，帮助角色完成任务。这里所谈到的，也是场景造型在游戏中的功能之一：丰富角色的动作，成为角色动作的支点，与关卡紧密结合，通过视觉上的肯定，营造出深厚的空间感。总而言之，场景造型与空间设计，很大程度上将关系到游戏的整体美术风格成功与否。

（二）场景的功能及作用

在游戏的场景设计中，不管是建筑还是机械，必须保障设计的功能及用途有充分的体现。现实建筑中需要设计楼梯来连接上下楼，需要门窗、墙体等连通或者分割空间；科幻场景中的飞船需要有动力设施、武器装备、生活保障体系；海中的潜水船需要水密门、减压舱等，这些都是我们生活中的常识。设计时首先必须考虑场景本质需要，然后才是风格或者审美上的要求，如果不能合理地满足功能诉求，极易造成设计上的“硬伤”。（图4-5）

设计师分析功能后，再将所有的功能诉求归纳为功能模块，并组织规划成多种形状的场景结构图，从而确定大致的建筑功能分布，并最终影响设计结果，这个过程被称为功能模块设计过程。

比如，一座中式城池的场景设计，设计中需要有城门、护城

▲图4-6《仙剑奇侠传》游戏原画

▲图4-7 作者：高奇

河、皇城、各门派据点、园林、商业区、技能学习区、交易区、战场排队区等。每一个功能区先规划成区域，分析区域之间的位置哪些是合理的，哪些互换之后能方便玩家在游戏中行走，哪些无法变动，从而形成多种布局图，以布局图为基础，细化出具体的场景外形。（图4-6）

那么，游戏场景设计要如何着手呢？最简单的方法是模拟现实，以现实为基础，再在现实的基础上作加法或融会贯通多种现实风格进行合理想象，开拓创新。世界上各个地域千奇百怪的原始地貌特征，各个民族的不同建筑特色及城市规划都是一个巨大的资料宝库，其丰富的外貌特征及材质选择、搭建方式都大不相同。如西方建筑中古希腊、古罗马有多立克、爱奥尼克、科林斯、女神立柱等典型代表性柱体设计式样；中古时代有哥特建筑的尖塔风格；文艺复兴后期有运用娇柔奇异手法的巴洛克和纤巧繁琐的洛可可等建筑风格。我国古代宫殿建筑，其平面严谨对称，主次分明，砖墙木梁架构清晰，飞檐、斗拱、藻井和雕梁画栋等手法形成中国特有的建筑风格。

了解各国的建筑特色，能让我们在接受古人智慧和受到精神熏陶的同时，学会运用联想与想象，跨越时空界限。我们可以利用现有素材的造型特色进行素材整合、细节描绘，以填补我们想象力的不足，丰富我们的作品。这样，我们才能完成很多现实中难以完成的特色建筑。同时，这些建筑中的写实部分能带给玩家似曾相识的亲切感。我们在写实的基础上进行夸张、放大，天马行空的想象能帮助我们架构游戏画面的带入感与合理的想象。

什么才是合理的想象？如果凭空乱想，其合理性会被玩家所质疑。如果以现有的科学做依据，则就成了未来科技成果展望，容易失去文学艺术性。幻想性小说、童话、神话之类的想象类作品，其实都塑造了一个相对完整的世界观。因此，要把握合理想象的度，其实就在于你所想象出的事物、社会关系能否构成自成一体的合理的世界观，只要这个世界观成立，其中的社会构架平衡、场景角色的美术风格，就是合理想象。所以在我们的游戏概念设计中，常常都是创意、新颖大于科学技术，巫蛊神魔也是常用的元素。（图4-7）

合理想象要做到哪些呢？首先是敢于超越，超越前人所没能涉及的，而不是把前人的设计当成是模仿的标准。其次是，务必增加知识的积累。积累知识必须时刻融入到我们的生活中，走世界，看天下是很好的知识积累方式。在这里，除了用我们的眼睛记录知识素材以外，笔记是一种很好的记录方式。记忆经常都在我们接受新鲜事物的时候忘却旧知识，笔记资料能帮助我们把过多的信息素材收集整理出来，在需要的时候能给我们提供参考。再次是正确对待灵感和顿悟，当我们脑海中出现灵感和顿悟的时候，我们就要赶快用我们的笔把它记录下来，否则，时间一长，这些灵感很可能就忘记了，所以正确对待灵感和顿悟的方法就是快速记录。

4 二、游戏场景设计的基本构成要素

（一）场景构图

构图，从广义上讲，是指图形或符号对空间占有的状况，即对画面内容和形式整体的考虑和安排。由于画面往往是由许多图形元素构成的，怎样在画面上安排组织这些元素，让它们在纸上更加美观地呈现出来，那就需要对它们进行一定的调整和组合，当然这个里面也是有一些规律是可寻的。

1. 画面的幅式

画面的幅式有三种基本形式，请参考第二教学单元中内容，此处不赘述。

2. 形态

（1）形态的位置：所画形态在画面上的位置对人的视觉与心理会产生直接的影响，位置偏上、偏下、偏左、偏右，都会使人产生不同的感觉。

（2）形态与方向：在二维的画面中，形态不同、运动方向的差异，也会产生不同的视觉效果。

（3）形态与空间： 首先需注意的是，画面的主体物位置一般不会是画面的等分中心，它是由人的视觉特点确定的。这一中心，是以黄金分割定律原理确定的位置，即以1：0.618的比例分割画面，得出画面中的四个相交位置，这四个位置即是接近画面中心的“构图中心点”。（图4-8）

在绘制场景时，我们时常采用三角形构图，这是一种很稳定又能丰富画面变化的构图形式。在画景物的时候一般会采用这种构图，这样使有限的物体和空间看起来井然有序，错落有致。环形构图也很常见，它的形式饱满而有张力，适合表现物体繁多，且有向画面中的主体物体聚拢或靠近的趋势感。（图4-9）

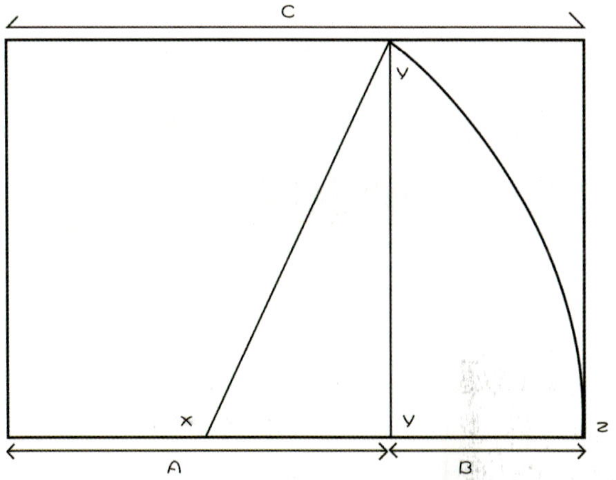

▲图4-8

▲图4-9 作者：朱峰

▲图4-22 作者：朱峰

▲图4-23 作者：朱峰

以着手去收集相关的资料，查找文献。资料收集完成后要先消化一下，在脑海中整合一番，才可以进行海量的草图设定工作。这个阶段之后就可以把草稿都罗列出来，进行筛选和整理，把好的进行整合，然后再进行深入刻画直到完成。

（一）场景设定稿要求

1. 前期工作及设计

作为设计师，接到工作任务后，首先应该是带目

▲图4-24

的性地多收集点相关素材，多做些概念小稿，一般半个小时到两个小时之间一个，一天可以做四到五个，然后选择一个最合适的概念稿进行细化。这个方法不但使工作能做到很完善，而且在平时练习的时候也能使自己得到很大的提高。

在画这些小稿的时候，要注意一下构图与角度的选择。一个好的构图就是成功一半了。场景构图比较讲究空间、层次和节奏感。空间的搭配和运用、透视是必备的基础，场景所表达的意境气氛不同，构图也会不同。层次太少会显得比较单调，层次太多又易琐碎，远中近景处理好，确定好视觉中心，也就把握好了画面的节奏。（图4-22）

2. 筛选及深入刻画

大量的场景草图完成了，我们选出其中比较满意的作品及部分草图的局部进行整合。在整合的过程中需要进行理性思考的部分就比较多了，如果说草图设定是把资料素材通过大脑纯感性地绘制出来的话，筛选整合更多的就是理性的思考，是把场景中不合理的部分进行重新绘制或者忍痛割舍的过程。（图4-23）

资料整合完毕之后，我们就可以进行深入刻画了。设计师要学会引领观众的视线，带动观众的视线去看你的作品。因此，不能每个地方都做得很细致或者每个地方都画得很概括，要有虚实主次之分，否则就只能让你的作品变得过分平均。

（二）设定稿绘制步骤

第一步，绘画大感觉。画之前脑子里有个简单的概念或想法，可以以涂鸦的方式将自己的想法迅速地表现在画面上，此时不用考虑太多，最重要的就是把自己的感觉表现出来即可。简单地把整个场景的草图轮廓勾画出来，并确定透视的角度与方向。（图4-24）

第二步，为我们的场景确定光源点。首先就是要确定主光源，也就是确定画面中主要的投影方向。如果确定主光源为暖光，那么，可以在阴影的部分找些偏冷的辅光源来作对比，这样更有利于表现出主体。确定好画面的重色带分布，比较重要的一点就是压住画面，让画面都沉下去，然后提亮主光源，这个时候可以把对比拉得强烈一些，整体效果出来后再进行后面的刻画，切忌一开始就抠细节而忘记主体。（图4-25）

第三步，将自己的想法进一步体现在画面上。为了使画面更加饱满，增添一些云彩破一下相对比较单一的海面。这个时候就是有深入想法，也不要开始画细节。把握大的体块关系、光源冷暖关系，把近景、中景、远景的关系表现出来，拉开空间层次。（图4-26）

第四步，进一步地深入，在这里可以加入表现细节的小道具。在这里，要表现一个宝藏岛，有一座被遗忘废弃的矿坑。可以设计很多茂密的植被、火山、矿洞、水晶、高山、巨石等等，来体现村落的神秘、寂静、富饶。这块就是要靠作者的想象力，每个人都可能有不同的感觉，最重要的就是合理地表现在画面上。意料之外，情理之中就是合理想象。（图4-27）

第五步，深入刻画，注重完善形体的变化，把握好整个画面的节奏感。形体变化具体是指体块的大小变化，高低变化，角度变化等。这一系列的变化使整个画面产生了节奏感，就像唱歌一样，只有有了节奏，才会动听、动人。

最后一步，回归整体，把没刻画好的部分继续深入，完成之后进行画面最后的整体调整。在这一阶段中，增添一些船只和场景出入口的标记，让整个场景看起来更加饱满丰富。同时也通过色阶、色彩平衡、曲线等色彩调节方式将整个画面统一色调。（图4-28）

整个作画过程，可以概括为整体——局部——整体。

（三）场景气氛图、鸟瞰图、细部图

场景气氛图设定

美术师所绘制的原始透视草图即气氛图，俗称“布景图”，这是对游戏的造型任务。场景气氛图的设计和绘制是为最终的制作效果服务的，为我们的场景材质、光影效果提供依据。场景气氛图是场景设定的一个重要程序，是美术构思过渡到具体现实的步骤之一。

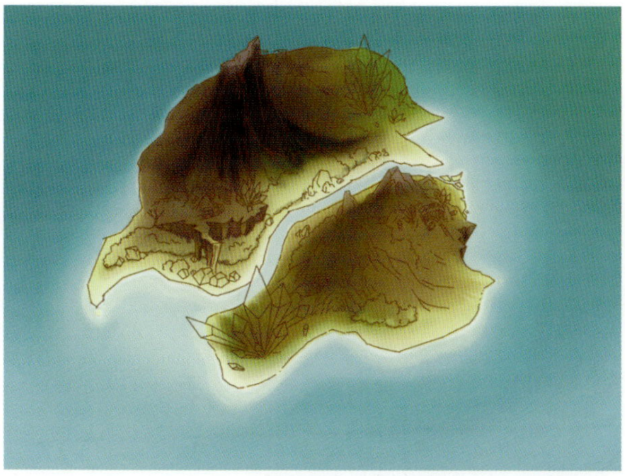

▲图4-25

▲图4-26

▲图4-27

▲图4-28

▲图4-24~图4-28 作者：林潇

▲图4-29

▲图4-30

场景气氛图应包括立面图、剖面图、细部图。气氛图是一个场景的主要镜头角度画成的设计图，它是设计师分析了游戏中的主要角色的活动范围及运动方式，深入生活收集资料后，得以完成的，是设计师依照每个场景的规定情景和故事背景而进行的典型环境的形象画面设计。场景气氛图应当体现出场景的立体造型、主要结构、场景基调、色彩处理、画面结构、前后景关系和节奏，还要注意对该场景时代气氛、地方特色、生活气息加以描绘和渲染。从气氛图中可以反映场景的造型设计与游戏的主题、题材、风格、基调、剧情、人物身份等。它是设计师艺术创作的重要组成部分，也是用技术手段体现的依据和前提。

气氛图主要以交代清楚构思为准，可以根据设计师的习惯来确定绘画风格。图4-29是一个场景气氛图的设定，气氛图的制作不是为了展现游戏地图和场景风貌，而是展现该场景中营造出来的气氛，主要以光与色为主，以及这样的光色氛围定位最终完成的游戏可能带给玩家的心理感受。

鸟瞰图的基本画法

鸟瞰图是指根据透视原理，用高视点透视法从高处某一点俯视地面起伏绘制成的立体图。视线与水平线有一定俯角，图上各要素一般都根据透视投影规则来描绘，其特点为近大远小、近明远暗。鸟瞰图可运用各种立体表示手段，表达地理景观等内容，可根据需要选择最理想的俯视角度和适宜比例绘制。

图4-30是鸟瞰俯视图，其主要目的是让设计者了解场景的空间布局、外观样貌、光影分布，可供玩家通行的游戏行走区域以及场景的出入口等。

细部图设定

场景细部图，顾名思义就是大场景中细节部分的设定。由于我们在进行鸟瞰图或场景气氛图的绘制时，都是采用的大场景、大角度，因此，很多细小的造型和花纹都看不清楚。所以，我们需要对其看不太清楚的地方进行细节的设定，细节的处理能够体现游戏创作者的用心程度。

▲图4-31

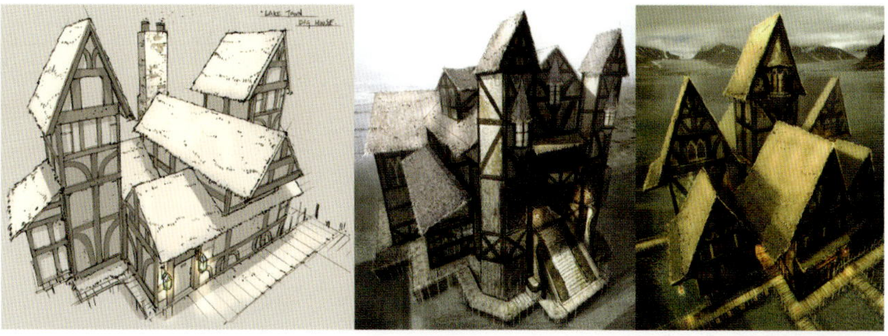

▲图4-32

▲图4-29~图4-32 作者：朱峰

图4-31是一系列柱子的设定，设计师在设定的时候不但对其摆放位置、造型进行了设定，还将其与人的比例、纹理细节做了设定。这样方便了我们的模型与贴图材质的制作。

材质的表现在我们的细部图中也要有所体现，可以是直接绘制，也可以是找实物材质进行参考。图4-32在设定中就充分展现了对象材质，通过一层层的深入，将物体材质表现清楚，以便于我们的纹理师绘制贴图。

四、单元教学导引

目标

本教学单元重点培养学生对场景的创作能力和设计绘画能力，使其了解游戏场景中“场”与“景”的概念，清楚场景设计在游戏设计中的地位，掌握游戏场景设计的一般规范，并能熟练地进行设计和制作。

要求

任课教师在教学过程中应根据本教学单元论述的基本理论框架，在传统风景画的基础上让学生对游戏场景设计的概念有清楚了解，同时，授课时作业辅导的时间较长，可准备一些绘画过程视频资料给学生看。

重点

在本教学单元的教学中，透视和场景绘制的方法是重点。任课教师在授课过程中要将这一部分结合范例进行详细讲解。

注意事项提示

本教学单元的实践内容较多，任课教师如果照本宣科地讲授，势必显得枯燥，难以引起学生的兴趣，最好能亲自做示范，让学生更好理解。

小结要点

学生学习游戏场景设计课程的心理状态及学习热情怎样？对于理论学习和实践学习的理解度如何？学生对任课教师课堂讲授时的反应怎样？总体教学效果如何？从学生作业中反应出了什么问题？结合作业问题指出不足与努力方向。

为学生提供的思考题：

1. 场景分为哪两个部分？
2. 场景构图的形体有哪些？
3. 常见的线性透视有哪些？
4.游戏概念设计图要画哪些部分的内容？

学生课余时间的练习题：

1. 随手速写，绘制建筑透视。
2. 临摹自己感兴趣的场景。
3. 观察一处景物，绘制出早晨、中午和夜晚的变化。

为学生提供的本单元参考书目：

《透视原理及空间描绘》
《中国美术全集——建筑艺术编（袖珍本）》全套
《Istanbul：City of Two Continents》伊斯坦布尔水彩速写
《The Art of Alice： Madness Returns》爱丽丝疯狂回归设定集
《The Lord of the Rings Sketchbook Alan Lee》魔戒速写集

作业命题：

概念场景设计——以“唐朝”为历史背景，绘制一张全景大地图。

作业命题的缘由：

以具体朝代为背景是要锻炼学生查找资料的能力，绘制全景大地图是要锻炼学生空间合理性布局的能力。

命题作业的具体要求：

历史背景设定：绘制繁华的唐朝都城；
场景地形地貌设定：地貌平整的都城，其中包括都城城墙、肉铺、水果铺、饭店、药店、铁匠铺、武器店、服装店、旅馆、拍卖行、钱庄、将军府、民居、广场、装饰雕塑、水流、木桥、树木等元素。

命题作业的实施方式：

采用无透视地图的技巧绘制。

作业规范与制作要求：

作业尺寸大小：1920像素×1080像素，分辨率为150dip，用电脑软件全彩色制作。保留图层选项，完成后交电子稿即可。

第 5 教学单元

游戏道具设计的原理与实施

一、游戏道具设计的概念与定义

二、游戏道具设计的基本构成要素

三、游戏道具设计的基本要求

四、单元教学导引

四、单元教学导引

目标

本教学单元课程要让同学们理解游戏道具的分类、制作游戏道具的流程等知识点。通过对本次课程的学习，同学们可以对游戏道具的制作有较全面系统的了解和认识，并能熟练地进行游戏道具设计。

要求

任课教师在教学过程中应根据本单元论述的基本理论框架，在道具的风格划分上给予清楚的讲解，同时对冷兵器的相貌特征和使用方法能够给予正确的讲解。同时，本课程的作业辅导的时间较长，对于不太擅长CG绘画的同学，应该示范。

重点

本课程重点在于了解武器的种类，从学习基本几何体和扩展几何体开始，到能够掌握各类游戏道具的制作思路和制作手法。

注意事项提示

本教学单元的实践内容较多，任课教师如果仅仅讲授，势必显得枯燥，难以引起学生的兴趣，最好能多准备一些图片资料和实例，引发学生的学习兴趣。

小结要点

学生学习游戏道具设计课程的热情及心理状态怎样？对于道具的理解度如何？学生对任课教师课堂讲授时的反应怎样？总体教学效果是否达到期望值？从学生作业中反应出了什么问题？结合作业问题指出不足与努力方向。

为学生提供的思考题：

1.游戏道具包含的内容是什么？
2.奇幻风格的游戏道具如何彰显其特色？
3.写实的冷兵器如何符合现代游戏需要？
4.如何为游戏角色职业选择武器道具？
5.装备道具等级如何界定？

学生课余时间的练习题：

1. 查阅武器资料，知道中国自夏商以来主流武器的使用变化。
2. 临摹写实类武器。

为学生提供的本单元参考书目：

《Knives and Swords》刀剑图谱
《Swords：An Artist's Devotion》剑
《Gun：A Visual History》枪械图鉴
《Fantastic Ornament：110 Designs and Motifs》花纹装饰
《The Art of Darksiders》黑暗血统设定集
《The Horus Heresy：Collected Visions》战锤设定
《Halo Encyclopedia》光晕大百科

作业命题：

概念道具设计——刀剑、弓、戟、枪（火器）

作业命题的缘由：

具有典型代表的兵器，短兵器、远射兵器、长兵器、火器都有所包含。

命题作业的具体要求：

刀剑：选择刀或剑中的一款，以中国武侠风格绘制，要求制作高级和低级2款。
弓：奇幻风格，要求制作高级和低级2款。
戟：Q版形象造型，要求制作高级和低级2款。
枪（火器）：选择1款枪械，以写实风格绘制，要求注明枪械型号。
绘制完毕后将4种武器放入一起，再添加一个角色剪影作为比例参考，将武器道具缩放到角色使用的大小。

命题作业的实施方式：

Photoshop绘制。

作业规范与制作要求：

作业尺寸为A4纸大小，300dip。
草图线稿可以手绘，最终效果要求电脑软件全彩色制作。

参考文献

[1] 孙立军主编. 叶橹编著. 游戏美术设计. 北京：海洋出版社，2007年3月

[2] 周晓波编著. 动漫基础素描. 重庆：西南师范大学出版社，2008年5月

[3] 乔斌编著. 二维动画流程. 重庆：西南师范大学出版社，2007年9月

[4] 丢勒著. 丢勒. 长春：吉林美术出版社，2005年8月

[5] 浙江美术学院教材编写组编. 人体结构. 北京：人民美术出版社，1978年1月

[6] 邱为豪编著. fantasy. 哈尔滨：黑龙江美术出版社，2005年11月

[7] 伯仲，古月编著. 三国演义兵器图谱. 长沙：湖南美术出版社，2010年12月

[8] Emily cole. A concise history of architectural styles. A&Cblack publishers LTD，2003.

[9] John topsell，Joseph nigg. How to raise and keep a dragon. HarperCollins Publisbers Australis

[10] Andras szunyoghy. Human anatomy for artists. Tandem Verlag Gmbh， 2006.

[11] Escher. M.C.Escher. M.CEscher foundation， 2004.

[12] Hayden scott-baron. Manga clip art. The ilex press ltd，Cambridge，2006.

[13] Carlos huante.studion press. Monstruo， 2004.

[14] Ling Chen. New fashion illustration. Anova Books company LTD， 2005.

[15] Tony diterlizzi holly black. Arthur spiderwick grand guide. Raduit de l’anglais（etats-unis）parbertrand ferrier，2006.

[16] Les arenes. The new yorker. Advance magzine publishers inc. 2004.

[17] Terryl whitlatch and bob carrau. The widelife of star wrs. Lucasfilm ltd，2001.

图书在版编目（CIP）数据

游戏概念设计教程 / 谢琦琦，林潇编著. -- 重庆 ：西南师范大学出版社，2013.8

ISBN 978-7-5621-6323-7

Ⅰ. ①游… Ⅱ. ①谢… ②林… Ⅲ. ①游戏－设计－教材 Ⅳ. ①G898

中国版本图书馆CIP数据核字(2013)第163347号

丛书策划：李远毅　王正端

高等职业教育艺术设计“十二五”规划教材

主　　编：沈渝德

游戏概念设计教程　谢琦琦 林潇 编著

YOUXI GAINIAN SHEJI JIAOCHENG

出版发行：西南师范大学出版社

地　　址：重庆市北碚区天生路2号

邮政编码：400715

http：//www.xscbs.com.cn

电　　话：（023）68860895

传　　真：（023）68208984

责任编辑：王正端　鲁妍妍

整体设计：沈　悦

经　　销：新华书店

排　　版：重庆大雅数码印刷有限公司

印　　刷：重庆康豪彩印有限公司

开　　本：889mm×1194mm　1/16

印　　张：6

字　　数：202千字

版　　次：2013年10月 第1版

印　　次：2013年10月 第1次印刷

ISBN 978-7-5621-6323-7

定　　价：36.00元